MEMOIRE

A CONSULTER,

POUR LOUIS VITET, Ecuyer, Docteur Médecin, aggrégé au College de Médecine de Lyon.

IL ne s'est jamais élevé parmi les Médecins de dispute plus digne d'attirer l'attention des Savants, que le procès qui vient de m'être intenté par l'*Illustre* (*a*) College des Médecins de Lyon : rempli d'ardeur pour le bien public, toujours prêt à venger son intérêt lorsqu'il le soupçonne offensé, il a cru qu'il étoit de sa dignité & de sa sagesse de me poursuivre en Justice, pour avoir eu

(*a*) Il est probable que les Collégiés ne peuvent avoir pris illégitimement & illégalement le titre d'*Illustre*, consigné dans l'ouvrage intitulé *Pharmacopœa Lugdunensis reformata mandato & curâ* inclyti *collegii Medicorum Lugdunensium. Vol. in-4°. Lugduni Gallorum.* 1674.

la témérité de donner à un de mes ouvrages le titre de *Pharmacopée de Lyon.* Qu'il est affligeant pour une ame sensible, d'avoir blessé des confreres qui me témoignant tous les jours l'amitié la plus sincere, ont pénétré mon cœur de la reconnoissance la plus vive ! Encourir l'indignation d'un corps aussi respectable, c'est s'exposer à un péril bien éminent. Mais faut-il donc, pour mériter leur bienveillance, que je sacrifie un titre absolument essentiel à mon ouvrage ? S'ils daignent jetter un regard favorable sur le passé ; s'ils étudient la *Pharmacopée de Lyon* avec tout le discernement & l'impartialité dont ils sont capables ; s'ils veulent apprendre à la distinguer des *Pharmacopées générales*, j'espere qu'ils regretteront peut-être de m'avoir suscité un procès absolument étranger à mes occupations journalieres, & contraire à ma façon de penser.

Il y a environ 14 ans que le College des Médecins de Lyon prit la sage résolution de réformer sa *Pharmacopée* ; il nomma plusieurs membres pour la rédiger : les plus zélés pour ce grand ouvrage furent mes confreres Rast, Brac & Villermos. Cinq ans se passerent à faire des formules, à les traduire en latin, à les entasser les unes sur les autres, à les ranger suivant l'ordre alphabétique, à faire des épreuves chez un Apothicaire, (*b*) à implorer le secours de

(*b*) Comme le tartre émétique dans une marmite de fer.

M. Venel, célebre Professeur de l'Université de Montpellier, à ruminer les formules ; & à laisser un assez long espace de temps pour les bien digérer. *L'Illustre* College assemblé *légitimement & légalement*, peu satisfait du travail de mes doctes confreres, m'engagea par une délibération à entreprendre ce pénible ouvrage. J'abandonnai à mon confrere Rast la *Pharmacopée* de *l'Illustre College* : indigné d'un si mauvais traitement, il l'ensevelit avec tous les honneurs dans un cercueil incapable de l'altérer.

Réduit à la triste nécessité de ne pouvoir profiter d'un ouvrage qui avoit coûté tant de sueurs & d'efforts de génie, je pris pour guide l'expérience & l'observation ; j'étudiai avec soin les substances dont le Praticien avoit cru jusqu'à présent retirer les plus grands avantages ; je tâchai de découvrir dans quels endroits des environs de Lyon croissoient les diverses especes de plantes usuelles, & quel étoit le temps de leur floraison ; je m'attachai à discerner leur saveur & leur odeur : aidé de l'observation, je suis peut-être parvenu à établir quel degré de confiance on devoit donner aux vertus des médicaments. J'ai été attentif à reconnoître leurs effets & leurs vertus dans les différentes especes de maladies : j'ai cru fixer la meilleure maniere de les préparer, & leur dose relativement à l'âge, au tempérament du sujet, & au climat de Lyon.

A peine cet ouvrage a-t-il été exécuté en françois, que je l'ai regardé comme indigne d'être présenté à l'*Illustre College des Médecins* : j'aurois passé pour vouloir instruire mes Maîtres. Je parlois une langue étrangere à l'*Illustre College*; le public n'auroit point reconnu la touche mâle des Professeurs aggrégés ; la confiance des citoyens envers ce Corps vénérable par ses membres antiques en auroit considérablement souffert.

Convaincu de ces grandes vérités, je fis imprimer mon manuscrit chez les freres Perisse, toujours avec le véritable dessein de remplir l'engagement que j'avois contracté vis-à-vis le College, & qui se réduisoit à composer pour lui une *Pharmacopée en latin.*

La *Pharmacopée* de Lyon étoit déjà en vente à Paris, à Strasbourg, & autres principales villes du royaume, lorsque mon confrere Magneval, digne Syndic du College, vint me trouver *en qualité d'ami* pour me demander la *Pharmacopée* de Lyon. A la premiere inspection il fut surpris de l'étendue du travail, & me pria de lui en prêter un exemplaire. Comme je ne parus pas accéder à ses desirs, il redoubla d'instance, en me promettant sur sa parole qu'il ne la remettroit point au College, & qu'il me la renverroit au bout de quinze jours. Séduit par ses promesses, je me rends, & il emporte sous son bras un exemplaire de la

Pharmacopée broché, ſans titre, ſans table, ſans privilege, parce que je n'avois que cet exemplaire & celui dont je me ſers habituellement.

Il eſt à peine ſorti de chez moi, que l'amour de l'*Illuſtre* College, joint à l'impétuoſité de ſon imagination, & au peu d'habitude qu'il a de cultiver ſa mémoire, lui fait oublier ſes engagements; il remet l'ouvrage à mon confrere Brac, ſecond Syndic, nommé, avec mon confrere Villermos, Commiſſaire pour la *Pharmacopée* latine du College des Médecins de Lyon.

Le quatorzieme jour le College *légitimement & légalement aſſemblé*, la *Pharmacopée* de Lyon eſt miſe ſur le bureau : mes confreres Brac & Villermos déclarent l'ouvrage mauvais, quoiqu'ils n'euſſent diviſé que les feuillets où ſe trouvent les maladies de l'eſprit. Nonobſtant ce jugement, dicté par l'exceſſive pénétration de l'eſprit de mes confreres, le College des Médecins paſſe une délibération où il m'engage à leur donner une *Pharmacopée* en latin en forme de *codex* : copie de la délibération m'eſt remiſe de la part de mes confreres Magneval & Brac, ſans être cachetée, écrite ſur un vieux chiffon, dégoûtant rebut de leurs archives : le Bedeau de l'*Illuſtre* College me remit le même jour copie de la délibération & la *Pharmacopée* de Lyon : depuis ce temps, il s'eſt tenu pluſieurs aſſemblées *légales & légitimes*; on a dressé contre moi des délibérations qu'on ne m'a jamais communiquées, quoique M. Chol, Doyen en second, ait dit très-intelligiblement dans la derniere, que des traîtres me font part de ce qui s'y machine contre moi : mais je peux attester à mon confrere Chol, que s'il fait l'honneur à son *Illustre* Corps d'y supposer des traîtres, ce n'est point par rapport à moi qu'ils se sont montrés tels. Qu'il sonde le fond de son cœur compatissant, il ne se persuadera jamais qu'on puisse être assez méchant, assez fourbe & assez vindicatif pour se trahir mutuellement dans des assemblées qui ne respirent que l'honneur, le savoir, la droiture, l'union, la justice & la paix.

Dans le cours de ces démêlés, la *Pharmacopée* de Lyon est mise en vente chez les freres Perisse; aussi-tôt mes confreres Magneval & Brac, d'après l'ordre *légal & légitime* de mon confrere Chol, convoquent une assemblée *très-extraordinaire* : on s'efforce d'y découvrir le moyen le plus sûr d'exterminer la *Pharmacopée* de Lyon; après maint débats, projets innombrables, réflexions nouvelles & hardies, mes confreres enfantent le noble dessein de l'anéantir en l'attaquant par son titre; d'une voix unanime, l'avis paroît heureusement imaginé; tous s'écrient avec transport : *Il est perdu.* Il nous reste encore un moyen de hâter sa ruine, dit mon confrere Brac; (*c*) enga-

---

(*c*) Uni avec mon confrere Rast & mon

geons notre confrere Raſt à donner au College l'antique *Pharmacopée*, (*d*) qu'une précipitation aveugle a malheureuſement enſevelie. Cet ouvrage eſt trop fini, pour que le public impartial ne le conſidere pas comme un chef-d'œuvre de l'art pharmaceutique.

Tout le monde applaudit, & mes confreres Magneval & Brac ſont autoriſés par une délibération à m'intenter un procès ſur le titre de *Pharmacopée de Lyon*, à faire dilacérer l'ouvrage par la voie des feuilles périodiques, des journaux & des gazettes. Le premier coup qu'ils m'ont porté eſt conſigné dans la feuille hebdomadaire de Lyon : » Il paroît un ouvrage in-» titulé *Pharmacopée* de Lyon, par M. Vitet. » Le college des Médecins de Lyon annonce » qu'il a ſeul le droit de donner à un » ouvrage le titre de *Pharmacopée* de Lyon, » & que ce titre a été *illégalement & illé-*

---

confrere Villermos par les nœuds de l'amitié la plus ſincere, dirigé par le premier, & directeur du ſecond.

(*d*) L'Aſſemblée ſuivante mon confrere Raſt fit remettre au College un cercueil d'un bois odoriférant, où ſe trouvoit la *Pharmacopée* de l'*Illuſtre College*. On ouvrit le cercueil, on reconnut la *Pharmacopée*, on rechercha les premiers inſtants de ſa naiſſance ; on découvrit qu'elle avoit quatorze ans. Alors d'une voix unanime elle fut condamnée à être précieuſement renfermée juſqu'à ce qu'elle fût déclarée majeure.

» gitimement donné à l'ouvrage publié par » M. Vitet «

Surpris de voir les Syndics s'arroger le pouvoir de juger & faire tenir un tel langage à leurs confreres, (e) je consultai les réglements de l'*Illustre* College. Quel fut mon étonnement, lorsque je n'apperçus aucun vestige du mot *Pharmacopée*, soit en

---

(e) Mes confreres Magneval & Brac viennent encore de prouver, au sujet des eaux de la Boisse, qu'ils ne craignent point de compromettre l'honneur de l'*Illustre* College, en affirmant au nom de ce corps respectable dans le Courrier d'Avignon, n°. 47. 1778, « que les » eaux de la Boisse présentées par le Sr. Fleuri, » Médecin de Chambery, ne contiennent d'après » l'analyse aucunes particules ferrugineuses » ni minérales, & n'ont produit qu'une très- » petite quantité de terre absorbante : d'après » cette analyse, le College est intimement » persuadé que lesdites eaux n'ont que les » qualités d'une eau pure & simple, & qu'un » Médecin *honnête* ne doit leur attribuer au- » cune vertu médecinale & particuliere. »

Mes confreres Magneval & Brac en ont imposé par excès de zele ; il est faux que le College ait nommé des Commissaires pour faire l'analyse des eaux de la Boisse ; il est faux que les eaux de la Boisse ne contiennent aucunes particules minérales ; il est faux que lesdites eaux n'aient que les qualités d'une eau pure & simple ; & il est certain qu'un Médecin peut les administrer sans pécher contre l'honneur & la probité.

françois, soit en latin ! Alors je me dis à moi-même : Mes confreres Magneval & Brac ont donc l'imagination bien féconde, pour supposer que le College a seul le droit *légitime & légal* de donner en latin ou en françois une *Pharmacopée* de Lyon ! Ignorent-ils ce qu'on doit entendre par *Pharmacopée*, & la différence qui doit exister entre la *Pharmacopée* de Lyon faite par leur confrere Vitet, & la *Pharmacopée* de l'*Illustre* College des Médecins de Lyon, composée par l'ordre très-exprès du College, & dirigée par les Collégiés ?

Dans tous les siecles où, *pour le bonheur du genre humain*, les Médecins ont eu le droit *légal*, *légitime & exclusif*, de diriger la santé publique, on a entendu par *Pharmacopée* un ouvrage contenant l'histoire, les vertus fausses ou vraies, & la préparation bonne ou mauvaise des substances nécessaires au Médecin pour tendre à guérir ou soulager les malades.

Ce n'est donc pas un code de loix arrêté par les Médecins sur les remedes, & la maniere de les préparer ; ce n'est donc pas un livre qui défend à tout particulier, sous des peines graves, de s'instruire ou d'instruire au-delà de ce qui est écrit. Les expériences, les observations de tous les Médecins peuvent donc tendre à perfectionner la *Pharmacopée*, & les mettre à même d'en composer de nouvelles qui ne conviennent pas indifféremment à tous les pays, mais qui ſoient propres au climat, au terroir, au tempérament de leurs malades, & aux eſpeces de maladies qui ont coutume de régner dans chaque contrée

Le ſeul deſir d'être utile à mes concitoyens m'a fait entreprendre la *Pharmacopée* de Lyon; mes confreres Magneval & Brac, ſans avoir recours *à l'envie qu'ils ont de me donner de la réputation*, ſeront toujours forcés de le publier : lorſqu'ils daigneront lire & étudier la *Pharmacopée* de Lyon, ils verront que je ne décris aucune eſpece de *plantes*, ſans expoſer le temps où elles fleuriſſent dans le Lyonnois, l'endroit du Lyonnois où elles croiſſent en plus grande abondance; ils verront les *minéraux* qui ſont attachés au Lyonnois, & dont la Médecine peut tirer plus ou moins d'avantages; ils verront les *animaux* qui habitent le Lyonnois, le lieu où ils ſe retirent, & s'ils peuvent être utiles en Médecine; ils verront les vertus propres aux eſpeces de maladies qui attaquent plus ſouvent les Lyonnois que les Habitants des autres Villes; ils verront la doſe de médicaments relative au climat de Lyon & au tempérament des Lyonnois; ils verront que l'eau qui ſert de baſe au plus grand nombre des préparations pharmaceutiques eſt toujours celle du Rhône : . . . mais, animés de l'eſprit de l'*Illuſtre* College, ils ne verront que le titre de *Pharmacopée de Lyon*, ſans oſer s'engager à attaquer le fond de l'ouvrage, qui n'a rien de commun avec les anciennes *Pharmacopées de l'illuſtre College des Médecins de Lyon*, & qui ne peut avoir aucune reſſemblance avec la *Pharmacopée* que ce corps *Illuſtre* ſe propoſe de faire exécuter d'après les avis & les leçons des Médecins étrangers. L'*Illuſtre* College ne veut que des formules en *latin*, diſpoſées par ordre alphabétique, & écrites de maniere que les ſeuls Apothicaires puiſſent les apprécier : l'*Illuſtre* College prétend que ſa *Pharmacopée* conviendra *à tous les habitants du monde* : l'*Illuſtre* College ordonnera aux Apothicaires de ſe conformer ſous les peines les plus graves à ſa *Pharmacopée*; auſſi l'*Illuſtre* College, pour mettre le public dans le cas de ne pas ignorer qu'il a compoſé *une Pharmacopée*, fera entrer dans le titre, comme dans ſon antique *Pharmacopée* de Lyon, *par l'ordre & par les ſoins de l'Illuſtre College de Lyon.*

Pharmacopea Lugdunenſis, reformata mandato & cura inclyti collegii Medicorum Lugdunenſium.

Il eſt donc eſſentiel de diſtinguer la *Pharmacopée de Lyon* de celle de l'*illuſtre College*, en ce que la premiere regarde uniquement Lyon, & la ſeconde embraſſera tout l'univers : l'une doit être claire, intelligible & à la portée de tout le monde ; l'autre ne ſera compriſe que par les eſprits d'un ordre ſupérieur : celle-là ne portera aucune empreinte de l'*illuſtre College*, puiſque, pour éviter le moindre ſoupçon, j'ai retranché avec regret le titre honorable d'*aggrégé à l'illuſtre College des Médecins de Lyon*; celle-ci au contraire, ainſi que ſes dévancieres, imprimera aux yeux de tout l'univers le caractere eſſentiel de *l'illuſtre College de Lyon*: la *Pharmacopée de Lyon* fera connoître aux Naturaliſtes & aux Médecins étrangers les plantes uſuelles qui croiſſent aux environs de Lyon, le temps où elles fleuriſſent dans ce climat; la *Pharmacopée du College de Lyon* contiendra le nom des plantes uſuelles en général, & ne ſera ainſi composée que pour les ſavants du premier mérite: la *Pharmacopée de Lyon* établit les vertus, la doſe, l'adminiſtration, & la préparation de tous les médicaments, relativement au climat de Lyon & au tempérament des Lyonnois: la *Pharmacopée de l'illuſtre College des Médecins* gardera un profond ſilence ſur tous ces objets, dans la crainte que les profanes n'abuſent des *ſecrets de l'art de guérir*.

Tant de moyens n'ont pu échapper aux yeux pénétrants de mes confreres Magneval, Brac, & particuliérement aux yeux très-clair-voyants de mon confrere Chol; il faut donc que des motifs particuliers les obligent à perſiſter avec autant de force que de courage dans leurs premieres idées.

Seroit-ce l'uſage qu'ils veulent implorer, au lieu des arrêts qu'ils n'ont pas encore obtenus? L'uſage de faire le mal, avec la meilleure

meilleure intention de faire le bien, ne fut jamais admis pour loi. Depuis deux ou trois siecles environ, l'*Illustre* College des Médecins de Lyon est en usage de multiplier les purgatifs dans le plus grand nombre des maladies; il seroit donc en droit d'intenter un procès à celui qui, d'après l'observation regardera les purgatifs comme nuisibles, & qui dans un livre intitulé *Medecine pratique de Lyon* démontrera combien cette méthode rend fâcheuses & souvent mortelles la plûpart des especes de maladies où les savants Collégiés les emploient avec tant de sécurité : cependant mes illustres confreres n'ont jamais tenté de donner la *Médecine pratique de Lyon*, mais ils pratiquent la Médecine à Lyon; & sans le commandement très-exprès du College *légalement & légitimement assemblé*, l'auteur de l'ouvrage ne pourra prendre ce titre, parce qu'il est contre l'usage, parce que le College a seul le droit de révéler ses secrets, parce que les Collégiés, principalement mes confreres Chol, Magneval & Brac, Médecins des Hôpitaux, seroient forcés de changer leur pratique, & de la rendre moins incertaine ! ce n'est pas que je ne sois intimément persuadé qu'ils possedent au plus haut degré toutes les parties essentielles de la Médecine; qui oseroit refuser à mes confreres Chol, Magneval & Brac de vastes connoissances *en Chimie, en Anatomie & en Botanique* ?

Le College des Médecins soupçonneroitil que le titre de *Pharmacopée* de Lyon engageât les Lyonnois instruits à étudier cet ouvrage? ces soupçons se sont réalisés. Heureusement pour les Lyonnois, on ne leur en imposera plus sur l'espece des remedes, sur leurs vertus & sur la meilleure maniere de les préparer. Les Médecins eux-mêmes doivent se féliciter de ce changement inattendu; plus ils seront instruits, plus leur savoir brillera, & plus ils reconnoîtront qu'il étoit essentiel de ne pas attaquer le titre de la *Pharmacopée de Lyon*, puisqu'il n'est tiré que du fond même de l'ouvrage.

Le College des Médecins prétendroit-il que ce titre de *Pharmacopée de Lyon* peut donner lieu aux Chirurgiens de s'instruire en Chimie & en Pharmacie? Ses craintes sont sans fondement; depuis long-tems le College de Chirurgie peut se glorifier de posséder des membres aussi instruits en Chimie & en Pharmacie qu'en Anatomie: heureuse concurrence, qui fera toujours le bien de ces deux états, pourvu qu'elle n'ait pour base que le savoir!

Le College des Médecins craint-il qu'on ne confonde la *Pharmacopée de Lyon* avec celle qu'il prépare depuis tant d'années? Dans la *Pharmacopée* de Lyon je me suis bien gardé de mettre le nom de l'*Illustre College*, ni de parler de ses ouvrages; je n'aurai jamais la témérité d'en dire un seul mot: au contraire, dans la *Pharmacopée* de l'*Illustre College* on lira en *grands caracteres* le nom de l'*Illustre College* & de tous les Collégiés, avec leur commandement & leur approbation.

Le College des Médecins de Lyon s'imagineroit-il que tout son honneur réside dans le titre de *Pharmacopée de Lyon*? Je confesse hautement que je n'ai jamais prétendu ravir à l'*Illustre* College son honneur : qu'il me donne un titre qui réponde parfaitement à la nature de l'ouvrage ; que ce titre soit incapable de séduire le public ; qu'il soit approuvé par des hommes reconnus pour instruits ; j'abandonne le titre de *Pharmacopée de Lyon*, & rends l'honneur à l'*Illustre* College.

Le College des Médecins de Lyon se feroit-il assuré du danger de la *Pharmacopée de Lyon* par les fautes innombrables qu'elle feroit commettre aux Apothicaires? Si elle renferme des erreurs dangereuses, qu'on les fasse connoître au public ; mais le College ne doit pas appréhender qu'elle en fasse commettre aux Apothicaires, puisqu'elle n'est pas composée par l'*Illustre College*, que le College ne l'a pu faire signifier juridiquement aux Apothicaires, pour décorer leurs boutiques des médicaments & des préparations qu'elle renferme.

Le College des Médecins de Lyon croiroit-il que le titre de *Pharmacopée de Lyon* est pernicieux à la société, parce qu'elle n'est pas écrite en *latin*, parce que les formules ne sont pas recouvertes du voile impénétrable de l'Alchimie, parce qu'elle contient les vertus, la préparation & la dose de chaque médicament, parce que l'auteur a retranché toutes les vertus qui ne sont pas adoptées par l'observation, parce qu'il a fait des préliminaires où se trouvent des vérités qui fatiguent autant les Médecins peu instruits que les Apothicaires privés des connoissances de leur état? C'est ici que le vrai savant, ami des hommes, me défend de répondre.

Enfin, quel est donc le motif qui a déterminé l'*illustre* College des Médecins de Lyon à m'intenter un procès si singulier?

Est-ce jalousie? . . . .
Est-ce rivalité? . . . .
Est-ce intérêt? . . . .
Est-ce vengeance? L'ingratitude seroit-elle donc la récompense des services qu'on s'est efforcé de lui rendre?

Que l'*illustre* College des Médecins ne s'en prenne qu'à lui-même, s'il m'a contraint de retracer avec fidélité la maniere dont il s'est comporté à mon égard : tant de jugement, de prudence & de sagesse de la part d'un corps aussi respectable, ne pouvoient que me forcer à recourir à des Conseils, pour savoir si le titre de *Pharmacopée de Lyon* n'est pas essentiel à mon ouvrage, si l'*illustre* College des Médecins de Lyon *a le droit légal & légitime de le faire biffer*, & si ce n'est pas tromper évidemment le public que de lui présenter un titre qui ne répond pas au fond de l'ouvrage.

Signé, VITET.

LE Conseil soussigné, qui a pris lecture du Mémoire à consulter, présenté par le sieur Vitet, sur les questions proposées, est d'avis, 1°. qu'il n'est pas besoin d'être Jurisconsulte pour décider que le titre de *Pharmacopée de Lyon* convient essentiellement à un ouvrage qui décrit les minéraux, les végétaux & les animaux propres à la Médecine dans les environs de Lyon, & les différentes manieres les plus communes de préparer les remedes suivant la nature des maladies les plus communes dans cette Ville; 2°. que le College n'est pas en droit de se plaindre de ce titre, qui ne le compromet ni directement, ni indirectement: dès que le sieur Vitet n'a pas annoncé que l'ouvrage étoit celui du College, dès qu'il n'a pas même parlé de l'invitation que lui avoit fait le College de rédiger une *Pharmacopée*, dès qu'il s'est même abstenu de prendre le titre d'aggrégé au college de Lyon, ce corps ne paroît pas fondé à se plaindre, avec d'autant plus de raison que dans ses réglements on ne trouve aucun article qui lui donne le droit qu'il veut s'arroger: d'ailleurs, c'est pour la premiere fois qu'on a vu attaquer le titre d'un livre, lorsqu'il n'a rien de contraire à l'ordre public, & qu'il n'offense personne en particulier.

Délibéré à Lyon, le 10 Août 1778.
Signé, D'ACIER.

A LYON, de l'Imprimerie de la Veuve REGUILLIAT. 1778.

www.ingramcontent.com/pod-product-compliance
Lightning Source LLC
LaVergne TN
LVHW020510230826
846091LV00008BA/3445

* 9 7 8 2 0 1 9 6 6 7 6 5 8 *